Bibliografische Information der Deutschen Nationalbibliothek:

Die Deutsche Bibliothek verzeichnet diese Publikation in der Deutschen National-
bibliografie; detaillierte bibliografische Daten sind im Internet über http://dnb.d-
nb.de/ abrufbar.

Impressum:

Copyright © 2013 GRIN Verlag
Druck und Bindung: Books on Demand GmbH, Norderstedt Germany
ISBN: 9783668660717

Dieses Buch bei GRIN:

https://www.grin.com/document/388563

Anke Koesterke

Theorien von Ilse Arlt und Alice Salomon in Bezug auf die Adressatinnen

GRIN Verlag

GRIN - Your knowledge has value

Der GRIN Verlag publiziert seit 1998 wissenschaftliche Arbeiten von Studenten, Hochschullehrern und anderen Akademikern als eBook und gedrucktes Buch. Die Verlagswebsite www.grin.com ist die ideale Plattform zur Veröffentlichung von Hausarbeiten, Abschlussarbeiten, wissenschaftlichen Aufsätzen, Dissertationen und Fachbüchern.

Besuchen Sie uns im Internet:

http://www.grin.com/

http://www.facebook.com/grincom

http://www.twitter.com/grin_com

Hochschule Esslingen
Bachelor Soziale Arbeit
G 203 Wissenschaft Soziale Arbeit
Wintersemester 2012/2013

Theorien von **Ilse Arlt** und **Alice Salomon** mit Bezug auf die Adressatin

11.02.2013

Anke Kösterke

Inhaltsverzeichnis:

1. Einleitung

Ich möchte die Theorien von Ilse Arlt und Alice Salomon näher vorstellen. Beide Theorien sind überwiegend in der gleichen Zeit entstanden und haben auch einige Überschneidungen in historischer Sicht aber auch anhand der Ansichten der beiden Frauen. In der Zeit des 19. Jahrhundert, hatten die meisten Frauen keine Möglichkeit auf ein Studium, ihnen wurde die Rolle als Hausfrau und Mutter zugeteilt. Dabei hatten sie keinen Anspruch und waren gegenüber Männern nicht gelichberechtigt. Auch Kinder in sozial schwachen Schichten wurden häufig sogar als Faule oder Menschen mit Charakterschwäche bezeichnet.

Mein Anliegen ist es vor allem die Aktualität der Theorien und auch die Wichtigkeit für die Soziale Arbeit zu erkennen und auf ein Adressatenbeispiel zu übertragen. In den Theorien von Ilse Arlt und Alice Salomon werden nur die elementaren Aussagen beschrieben, da dies sonst den Rahmen der Hausarbeit sprengen würde. Auch die Entwicklungen der Frauenschule oder die Ausbildung der Wohlfahrtspflegerin werden nur kurz erwähnt. Die Theorien von Frau Arlt und Frau Salomon wurden weiterentwickelt und waren Anstoß für weitere Entwicklungen in der Sozialen Arbeit. Fortschritte gab es vor allem seitens der Methoden und der Profession der Sozialen Arbeit. Die soziale Arbeit als Handlungswissenschaft und die soziale Diagnose sind nur einige wenige Entwicklungen. Die Entstehung und Ausweitung des Ausbildungssystems der sozialen Berufe sind eine der wichtigen Verdienste von Frau Salomon. Kritisch dabei ist zu sehen, dass sich Frauenberufe nicht innerhalb von männlich dominierten Universitäten entwickelten, sondern immer abseits. Auch die nationalistische Einstellung während des Weltkrieges, steht im Widerspruch zu ihrer biographischen Geschichte. Die Theorie von Ilse Arlt zur Armutsforschung war im ersten Drittel des 20. Jahrhundert weitverbreitet, jedoch nahm dies nach dem zweiten Weltkrieg sehr stark ab. Arlts Anhänger sehen die Aufarbeitung als besonderes relevant an, da sie für die Lösung von nationalen und internationalen sozialen Problemen beitragen könnte. Die recherchierte Literatur war häufig, zu der Biographie und der Entstehung der Frauenschulen oder die Wichtigkeit der Ausbildung, die Theorie als solches herauszuarbeiten war nicht immer einfach.

2. Kriterien einer kritisch reflexiven Theorie:

Die Theorie der Sozialen Arbeit umfasst verschiedenste theoretische Ansätze und Methoden, die wissenschaftlich fundiert wurden und werden. Einige eigene Gedanken möchte ich im folgenden Abschnitt darstellen. Die soziale Arbeit bewegt sich in ständig veränderten gesellschaftlichen Verhältnissen, bei denen sich die Theorie und die Forschung anpassen müssen. Diese Verhältnisse sind abhängig vom gesellschaftlichen Wandel aber auch politischen Gegebenheiten. Eine Theorie sollte die momentane gesellschaftliche Lage wahrnehmen. D.h. wie die Gesellschaft ist und nicht wie sie sein sollte.

Für mich steht die Person, der Klient im Mittelpunkt der Sozialen Arbeit. Die Lebenswelt und das soziale Umfeld der Menschen sollten betrachtet werden. Die Menschen sollen sich selbstbestimmt entfalten und ihr Leben frei gestalten können. Die Haltung des Sozialarbeiters ist besonders wichtig, da dieser auch die Ressourcen des Klienten fördern kann und erkennen kann. Die soziale Arbeit hat auch die Pflicht, sich an die Grundrechte und an die Menschenrechte zu halten und für die Menschen ein lebenswertes Leben zu schaffen. Eine weitere wichtige Frage ist die Verknüpfung von Theorie und Praxis in der sozialen Arbeit. Welche Theorien können in die Praxis umgesetzt werden und welche Methoden und Ansätze aus der Praxis sind für die Wissenschaft relevant? Bildung und Erziehung werden immer wichtigere Aspekte in der aktuellen Gesellschaft.

Prüf – und Kritikkriterien können durch Weiterentwicklung (Forschung) von Theorien und Überprüfung bereits vorhanden geschaffen werden. Eine Verpflichtung für einheitliche Qualitätsstandards, jedoch für Spielräume für die Sozialarbeiter sind relevant. Dies sollte überprüfbar sein und Schwächen im System werden erkennbar und können verändert und umgesetzt werden. Diese brauchen auch eine empirische Nachweisbarkeit.

Folgende Elemente der Theorie bzw. Aussagenbereiche sind von Bedeutung. Die Theorie sollte die Möglichkeit haben in die Praxis umgesetzt zu werden. Die Begrifflichkeiten der Theorie müssen klar definiert werden, sodass Sozialarbeiter mit diesen in der Praxis umgehen und kommunizieren können. Einheitliche Standards und die Vereinbarung von Theorie und Praxis sind dabei gewichtig. Diese Elemente können als Hilfe und Unterstützung für die praktische Umsetzung von Nutzen sein.

3. Adressatin- Situationsbeispiel

Mandy 20 Jahre alt, wohnt momentan zusammen mit ihrer 5 jährigen Tochter in einer Mutter-Kind Einrichtung in Berlin. Sie versorgt ihr Kind eigenständig und erhält seitens des Heimes Unterstützung im Alltag und bei der Arbeitssuche. Sie wünscht sich eine eigene Wohnung mit ihre Tochter und ihrem neuen Freund. Natürlich auch einen Ausbildungsplatz und eine Übernahme.

Mandy wird als 4. Tochter in Berlin geboren. Seit Beginn ist sie immer wieder bei Pflegeeltern und bei der Mutter untergebracht, da ihr Vater sie vor ihre Geburt verlassen hat und die Mutter immer wieder in Kliniken für eine Zeit unterkommt (psychische Erkrankung). Die

Mutter arbeitet in Bars mit eventuellen Verbindungen ins Prositutionsmilieu. Jedoch hat die Mutter wenig Geld und die Familie lebt am Existenzminimum. Nach einigen Jahren findet die Mutter einen neuen Partner und Mandy bekommt einen Halbbruder. In dieser Zeit bekommt Mandy nur geringe Hilfe ihre Mutter bei schulischen Aufgaben und trifft sich nur sehr selten mit Freunden, da sie auf ihren Bruder aufpassen muss. Einmal die Woche erhält die Mutter eine Familienpflegerin. Sie leben mit ihrer Mutter, dem Freund der Mutter und ihrem Halbbruder in einer kleinen Wohnung eines Mehrfamilienhauses am Rande der Stadt. Die Mutter ist arbeitslos und hält sich wieder häufiger bei Therapien auf. Als Mandy 13 Jahre ist flüchtet die Mutter mit ihren Kindern ins Frauenhaus, da es zu sexuellem Missbrauch an den Kindern gekommen ist. Die Mutter trennt sich von den Kindern und geht zurück zu ihrem Freund. Zuerst werden die Kinder von Jugendamt in einem Heim aufgenommen und danach getrennt einige Monate später in eine Pflegefamilie. Mit den Pflegeltern hat Mandy eine gute Beziehung, zieht sich aber immer mehr zurück, spricht nicht über ihre Sorgen und trifft sich mit ihren neuen Freunden. Sie trinkt häufig Alkohol und ist oft bis sehr spät in die Nacht mit älteren Jugendlichen auf der Straße unterwegs. Die Freundschaften halten häufig nicht lange, da Mandy häufig Gesprächen und engeren Beziehungen aus dem Weg geht. Sie schafft einen guten Hauptschulabschluss, wird aber kurze Zeit später schwanger und von ihrem momentanen Freund verlassen. Mandy wird noch vor der Geburt ihrer Tochter im Mutter Kindheim aufgenommen. Sie fühlt sich wohl und möchte ihr Kind auch behalten. Sie bleibt weiterhin im Kontakt mit ihren Pflegeeltern. Sie wohnt für die nächsten 3 Jahre weiterhin im Mutter Kind –Heim. Sie zeigt zu Beginn anfängliche Schwierigkeiten mit ihrer Tochter, kann sich aber auf die Unterstützung der Mitarbeiter einlassen. Sie findet Freundinnen in der Einrichtung, mit denen sie eine langjährige Freundschaft verbindet und eingehen kann und lernt vor 2 Jahren ihren neunen Partner kennen mit dem sie eine harmonische Beziehung führt. Seit einigen Wochen hat sie den Wunsch nach einer eigenen Wohnung und mehr Freiräumen.

4. Begründung der Theorie von Ilse Arlt und Alice Salomon

Für die Theorien von Ilse Arlt und Alice Salomon habe ich entschieden, da ihre Theorien noch immer sehr zeitgemäß sind. Frau Arlt prägte die planmäßige Armuts- und Gedeihens Forschung und dies ist ein elementarer Schritt in der sozialen Arbeit. Frau Arlt setzte sich meiner Ansicht nach, schon sehr früh für die Bedürfnisse der Frau ein und entwickelte die erste Frauenschule für die Wohlfahrtspflege. Das Thema Armut interessierte sie schon seit früher Kindheit, daraus wollte sie Wege finden, diese Armut zu erkennen und auch zu beseitigen. Sie sah den Menschen mit seinen Bedürfnissen und Armut als Negation des

Gedeihens an. Beides steht nach ihrer Theorie im Verhältnis zueinander. Besonders spannend, ist wie sie Armut anhand der Bedürfnisse festlegt, da man Armut in der heutigen Gesellschaft nur schwer greifen und festmachen kann. Auch die Auswirkungen einer anhaltenden Über – Unterbefriedigung sei für die heutige Gesellschaft besonders relevant und lassen sich meiner Ansicht nach übertragen.

Frau Salomon verfolgte den Gerechtigkeitsgedanken und sah die individuellen Probleme auch immer als gesamtgesellschaftliche Problematik. Auch war sie stark in der Frauenbewegung verwurzelt und sah die besondere Rolle der Frau an. Nicht nur als benachteiligt sondern auch enorm für die übertreffenden Fähigkeiten und Kompetenzen der Frau und deren Folgen für die Gesellschaft.

Beide Frauen haben trotz ihrer Schwierigkeiten Bildung in Anspruch zu nehmen, da ihnen das Studium verwehr wurde, trotzdem Forschung und Wissenschaft betreiben können und sich für Bildung und Ausbildung von Frauen einsetzen können. Die Theorien sind beide überwiegend in der gleichen Zeit des 19. Jahrhunderts entstanden, zeigen aber noch Aktualität bis in die heutige Zeit. Frau Arlt beschreibt die Problematik der Armut anhand der Bedürfnisse, Frau Salomon betrachtet die Gesamtgesellschaftlichen Verhältnisse, an denen sich die Menschen neu orientieren müssen. Die Theorien haben ähnliche Schwerpunkte, zeigen jedoch andere Folgen und Forderungen.

5. Theorie von Ilse Arlt (1876- 1960)

5.1 Biographische Daten und historischer Kontext:

Ilse Arlt wird 1876 in Wien geboren. Ihr Vater ist Augenarzt, ihre Mutter ist Malerin. Sie besteht mit 20 Jahren die Lehramtsprüfung, kann aber aufgrund ihrer Erkrankung nicht als Erzieherin arbeiten und möchte studieren. Frauen sind zur dieser Zeit an Universitäten aber nicht zugelassen. Außerdem ist ihre Wissenschaft, die Erforschung der Armut noch an keiner Universität möglich. Sie beginnt ein Studium als Autodidaktin. Ilse Arlt besucht selbst Plätze der Armut, um sich ein eigenes Bild der Situation zu machen und dies zu erforschen. Ab 1910 verfolgt Frau Arlt den Gedanken, den Beruf der Wohlfahrtspflegerin zu schaffen. Dabei gründet sie dann 1912 die erste Fürsorgerinnenschule in Wien. (vgl. Engelke 2008 S.266- 267) Durch die neue Ausbildung wollte sie alle sozialen Frauenberufe erfassen und der Zersplitterung durch die starke Spezialisierung entgegenwirken. Den Unterricht, wollte sie nach den jeweiligen Lebensnotwendigkeiten und nicht nach den momentanen Fürsorgereformen gestalten. D.h. sie sah schon recht früh, die Notwenigkeit die Arbeit an den

Bedürfnissen und der momentanen Lebenssituation der Menschen festzumachen. (vgl. Maiss 2011, S. 37) In der Zeit des Nationalsozialismus wird die Schule von Ilse Arlt geschlossen und ihr wird das Publizieren verboten. Sie lebt in dieser Zeit in Armut und Angst, da sie keine finanziellen Rücklagen hat und ihre Großmutter Jüdin war. Nach dem Krieg eröffnet sie wieder ihre Schule. Sie wird 1955 mit dem Dr. Karl Renner- Preis ausgezeichnet. (vgl. Engelke 2008, S. 266-268)

„In der zweiten Hälfte des 19. Jahrhunderts streiten sich in der Österreichisch- Ungarischen Monarchie die unterschiedlichen Nationalitäten."(Engelke 2008, S. 265) Durch den ersten Weltkrieg werden die Lebensmittelschwierigkeiten so groß, dass die Weltwirtschaftskrise dies zusätzlich noch verstärkt. Frauen sind meist zuhause und haben keine Chancen auf Bildung. Hauptmerkmal für sie, ist sich um das Familienleben und den Ehepartner zu kümmern. In dieser Zeit gewinnen die Nationalsozialisten immer mehr an Zustimmung, vor allem im Deutschen Reich. Auch im 2. Weltkrieg nimmt Österreich, als Teil vom deutschen Reich am Krieg teil. (vgl. Engelke 2008, S. 265) Wien ist zu dieser Zeit, eine der größten und ältesten Städte in Europa und ein Schauplatz verschiedenster Kulturen aber auch großer Armut. (vgl. Engelke 2008, S. 266)

5.2 Theorie und Forschungsinteresse:

Ilse Arlts Interesse liegt schon seit früher Kindheit, am menschlichen Leid und Armut. Da sie keine Antwort auf eine wirkliche Hilfe findet, beginnt sie zu forschen. Sie forscht zu Beginn im Bereich der deskriptiven Nationalökonomie. Sie wendet dies aber ab, da sich ihrer Meinung nach keine Gesetzmäßigkeit von Armut ergibt. Durch verschiedenste Untersuchungen erforscht sie den Ist und Soll- Zustand der menschlichen Entwicklung und deren Lebenslagen. Armut bezeichnet sie dabei als „Negation des Gedeihens" (Engelke 2008, S. 268-269). Ilse Arlt unterscheidet zwischen „regelmäßigen Lebensbedürfnissen", die jederzeit befriedigt werden müssen und „fallweisen sonstigen Bedürfnissen". Ihrer Ansicht nach, gibt es aber nur zwei Wege diese Bedürfnisse zu bestreiten. Zum einen, man strebt nach Gewalt, Reichtum und Macht. Zum anderen, dass man seine Bedürfnisbefriedigung vereinfacht und seinen Bedarf reduziert. Das hat dazu geführt, dass Frau Arlt 13 Bedürfnisklassen unterscheidet, die befriedigt werden müssen. (vgl. Staub- Bernasconi 2007, S. 28-29)

Diese sind: *„Luft/Licht/Wasser/Wärme, Ernährung, Körperpflege, ärztliche Hilfe und Krankenpflege, Unfallverhütung und Erste Hilfe, Kleidung, Wohnung, Erholung,*

Familienleben, Erziehung, Rechtsschutz, Ausbildung und wirtschaftliche Tüchtigkeit, Geistespflege (Moral, Ethik, Religion)" (Staub- Bernasconi 2007, S. 29). Sie hebt hervor, dass diese Bedürfnisse für alle Menschen als Grundbedürfnisse gelten, unabhängig ob arm oder reich, Alter, Schicht Religionszugehörigkeit, dass sie nur eine andere Ausprägung haben. Die Bedürfnisse stehen nicht hierarchisch zueinander, sie sind stark miteinander verbunden und haben ein „komplexes Ursache- Wirkungsverhältnis" (Maiss, 2009 S.5). siehe Abbildung 2, welche die Bedürfnispyramide nach Maslow beschreibt, er stellt die Bedürfnisse hierarchisch auf. Die Bedürfnisse können seiner Ansicht nach, nacheinander befriedigt werden.

Eine Über- Unterbefriedigung der Bedürfnisse, kann Auswirkungen auf andere Bedürfnisse haben und weitere Folgen für den Menschen. (vgl. Maiss, 2009, S. 5) Siehe auch Abbildung 1, bei der Frau Arlt die Auswirkungen einer Über-Unterbefriedigung der Bedürfnisse aufzeigt. Des Weiteren hebt sie hervor, dass jedes Bedürfnis eine bestimmte Notschwelle hat. Dies ermöglicht das Bestimmen, wann die Not beginnt bzw. wer in Armut lebt. Weiter führt sie an, dass die Bedürfnisbefriedigung auch von der objektiven gesellschaftlichen Struktur abhängig ist, z.B. welche wirtschaftlichen Möglichkeiten (Besitz) jemand hat, welche Fähigkeiten und Kenntnisse die Person besitzt und wie über die eigene Zeit verfügt werden kann. (vgl. Staub-Bernasconi 2007 S. 29-30) Sie richtet ihre Armutsforschung aber nicht allein auf diese Bereiche, sondern auch auf das Verhältnis von Armut und Gedeihen, dies sieht sie im Zusammenhang. (vgl. Maiss 2009, S. 61) Sie betont, dass Armut keine feste Tatsache ist, eine verlaufsförmige Mangelbefindlichkeit, die oft sehr weit vom menschlichen Gedeihen und Wohlleben abweicht. (vgl. Maiss 2009, S. 62) Dabei stellt sie sich immer wieder die Frage, wie sich das Verhältnis von Armut und Gedeihen auf der Mikro- und Makroebene der Gesellschaft verhalten. Dabei prägt sie den Begriff des „schöpferischen Konsumieren Könnens"(Maiss 2009, S. 62). Die Regulierung und Befriedigung der Interessen und Bedürfnisse sieht sie in ständiger Gefahr von externen Störungen und Änderungen, einerseits der Gesellschaft und anderseits den persönlichen Anforderungen. Dieses Konsumieren betrachtet sie als eng verknüpft mit dem menschlichen Sein, dass zu seiner Entwicklung, Entfaltung aber auch mit dem Wollen und Verstehen des Menschen verbunden ist. Durch das politische und kommerzielle Konsumieren sieht sie eine Befriedigung der Bedürfnisse in Gefahr. Doch berichtet sie, dass diese Konsumieren fremdbestimmt in den neuen Gesellschaften passiere und „die Produktion den Markt beherrsche" (Maiss 2009, S. 63). Nach ihrer Fürsorgetheorie, muss vom Menschen ausgegangen werden, von der Arbeit, seiner Umgebung und seinem Leben. „Volkspflege ist die Hilfsweise, die nach genauer Erfassung aller Bedürfnisse und Bedürfnisbefriedigung die Hilfe einleitet und dabei

Volksbrauch und Volkssitte berücksichtigt."(Maiss 2010, S.115) Ihre Theorie ist sehr individualbezogen aber auch nationalökonomisch und basiert auf ihrer Armuts- und Gedeihensforschung. Weiter beschäftigt sie sich mit den Arbeitsbedingungen von Frauen und die Vereinbarkeit von Arbeit und Familienleben. Dabei unterscheidet sie schon die unterschiedlichen Folgen von verheirateten und ledigen Frauen. Immer deutlicher wird in ihrer Theorie, dass die wirtschaftlichen Verhältnisse in einer Gesellschaft alle Individuen betreffen und dies auch wieder Auswirkungen auf die Allgemeinheit hat. Durch die Fürsorgeplanung soll den benachteiligten Menschen die Möglichkeit gegeben werden, ihre Fähigkeiten wiederzuerlangen und ihr Leben selbstbestimmt zu leiten. Ilse Arlt nennt dies „Hilfe zur Selbsthilfe" (vgl. Maiss 2009, S.13). Dies soll dem Menschen helfen im Hier und Jetzt ein erfülltes Leben zu leben. Diese bedeutet nach Frau Arlt, die Stärkung der Lebensfreude und der eigenen Kräfte, sich selbst zu bestimmen, sie sozialen Kontakte mit der Umwelt zu gestalten, gut für sich selbst zu sorgen und gedeihen zu können. Dies sollte nicht auf Kosten der Armut anderer geschehen. Aus dieser Selbsthilfe kann auch nach Ilse Arlt die Abhängigkeiten von dem Hilfesystem vermieden werden. (vgl. Maiss 2009, S. 64)

Zusammenfassend ist zu sagen, dass Frau Ilse Arlt den Mensch in den Mittelpunkt ihrer Arbeit stellte, sie sah diesen mit all seinen Bedürfnissen, seinen Leiden und seinen Ressourcen. Die Hilfe zur Selbsthilfe und Wiedereingliederung in das gesellschaftliche Leben waren besonders relevant für sie.

5.3 Bezug der Theorie von Ilse Arlt auf das Adressatin-Beispiel:

Unter absoluten Armut, wird Armut als Existenzminium definiert, das nur der Lebenserwartung dient, also dem physischen Existenzminium. Relative Armut definiert Armut im gesellschaftlichen Standard. z.B. durchschnittliches Einkommen. (vgl. Malyssek 2009, S. 55)

Die Theorie von Ilse Arlt lässt sich sehr gut auf das Beispiel von Mandy übertragen. Denn auch Mandy ist in Armut aufgewachsen und wird auch in Zukunft eher in ärmeren Verhältnissen leben. Der Bedarf ihrer Grundbedürfnisse wurde dauerhaft reduziert. Da ihre Mutter selbst häufig gesundheitlich angeschlagen war konnte sie Mandy kein Bewusstsein für ihre eigene Gesundheit schaffen. Sie wurde häufig in verschiedenen Bereichen z.B. Familienleben, Ernährung und Wohnung vernachlässigt. Eine feste Bindung oder ein Familienleben erlebe sie nur wenig. Aus diesem Mangel an bestimmten Bedürfnissen, die nicht befriedigt wurden, kam es zu Auswirkungen und Folgen für den gesamten Lebenslauf von Mandy. So bekam sie beispielsweise schon sehr früh ein Kind, da sie sich eine eigene Familie wünschte und sich dadurch Sicherheit und Zuneigung erhoffte. Auch das Bewusstsein auf sich selbst zu achten, ging in ihrem Lebenslauf unter. Ilse Arlt beschrieb schon sehr früh, dass eine nicht Befriedigung der Bedürfnisse, Auswirkungen auf das gesamte Leben einer Person haben kann. Die Notschwelle die Frau Arlt für die Allgemeinheit beschrieben hatte, find ich, wurde bei Mandy häufig unterschritten. Nicht nur, dass sie in wirtschaftlicher Armut lebte, sondern auch die Bedürfnisse und Wünsche nach Liebe, Zuneigung, Familienleben wurden ständig unterschritten. Armut setze Frau Ilse Arlt immer wiederum Zusammenhang mit Gedeihen der Person. Dies ist auch sehr deutlich im Fall von Mandy zu sehen, dass die Armut in der sie lebte auch ihr Gedeihen sehr einschränkte. Sie zeigt eine geringe Bildung, da ihr die grundlegende Bindung und Hilfe einer Bezugsperson fehlte. Dies kann auch abhängig von der wirtschaftlichen Lage der Mutter hervorgegangen sein. D.h. welche Möglichkeiten hätte die Mutter gehabt um der Tochter auch die Bildung zu ermöglichen? Frau Arlt sah aber auch dabei den Zusammenhang von den wirtschaftlichen Verhältnisse und den Bezug auf jeden Menschen, d.h. alle wirtschaftlichen Verhältnisse haben Auswirkungen auf die einzelnen Personen, die in der Gesellschaft leben. Die Regulierung der Bedürfnisse, war für Mandy nicht nur durch die Störungen in der Familie, sondern auch durch die externen Störungen, wie die Benachteiligung durch die Gesellschaft. Persönliche Anforderungen konnte sie eventuell durch mangelndes Gedeihen nicht umsetzen.

Für Frau Arlt stand der Mensch im Mittelpunkt des Hilfesystems. Sie wollte Hilfe für Benachteiligte einführen. Dazu gehört in diesem Fall auch Mandy, denn Ilse Arlt betrachtet, Frauen auch als eine benachteiligte Gruppe an. Die Arbeitsverhältnisse der Frauen seien erschwert. Auch Mandy zeigt neben der Doppelbelastung von Kind aber auch dem Wunsch nach einem Beruf und einer Ausbildung. Frau Arlt fordert einen Fürsorgeplan, welchen man bei Mandy auch sehr gut einbringen könnte. Die Hilfe zur Selbsthilfe kann dadurch ermöglicht werden. Dabei steht die Selbstbestimmung der Frau ebenso im Mittelpunkt. In der Zeit von Ilse Arlt war dies noch nicht selbstverständlich, aus diesem Grund war ihr Denken dabei schon weit fortgeschritten. Die Abhängigkeit vom Hilfesystem zu vermindern oder nicht zu gewähren, war auch eine wichtige Aussage von Frau Arlt, die ebenso auf Mandy übertragen werden kann. Denn sie sollte zwar zu einer Beratung gehen bzw. befindet sich gerade im Frauenhaus und hat einen ständigen Austausch mit einem Experten, sollte sich aber selber helfen und auch eine Distanz wahren. Sie ist eigener Macher ihres Lebens. Ebenso sollte der

Sozialarbeiter ebenso Distanz wahren. Die sozialen Kontakte, die Mandy bisher im Frauenhaus hatte sollten gestärkt werden und neue soziale Kontakte sollten geschaffen werden. Somit erfährt Mandy positive Rückmeldungen und Erfahrungen und kann sichere Bindungen eingehen.

Ob die sozialpädagogische Hilfe angenommen wird, hängt stark von den individuellen Bedürfnissen der Klientin ab aber auch mit den pädagogischen Interventionen. Es bedarf eine Anpassung von der Lebensgeschichte von Mandy aber auch neuen Handlungsmustern. Die Beeinflussung ist hierbei keine Methode, sondern, dass Mandy sich mit ihren Gegebenheiten, der aktuellen Lebenssituation und der Zukunft auseinander setzt. Hilfeangebote oder Institutionen wie im Fall von Mandy, müssen Stabilität und Vertrauen auslösen, dies ist für sie, die Unterbringung im Frauenhaus. Auch die feste Bindung zu anderen Frauen aber vor allem zu den Sozialarbeiterinnen gibt ihr Sicherheit. Dadurch kann und konnte sie sich weiterentwickeln und ist so auf dem Weg selbständig zu werden.

6. Theorie von Alice Salomon(1872- 1948)

6.1 Biographie und historische Gegebenheiten:

Alice Salomon wird 1872 in Berlin geboren. Der Vater ist ein jüdischer Kaufmann, die Mutter ist wohl Hausfrau. Berits mit 21 Jahren gründet sie die „Mädchen- und Frauengruppe für soziale Hilfsarbeit". Sie interessiert sich sehr für die Frauenbewegung. Danach beginnt sie mit der Ausbildung von Frauen in der sozialen Arbeit. Sie studiert ohne Abitur als Gasthörerin, Nationalökonomie und erfasst die Lohnunterschiede zwischen Männer und Frauen. Sie eröffnet die soziale Frauenschule und veröffentlicht die Schrift „ Soziale Diagnose". Aufgrund des Nationalsozialismus emigriert Frau Salomon nach England und in die USA. Sie wird Ehrenpräsidentin des „internationalen Frauenbundes" und der „internationalen Vereinigung" und stirbt 1948 in New York (vgl. Engelke 2008, S. 236-238). Ihr Verdienst ist die Entwicklung der ersten Theorie und Methodenansätze der Sozialen Arbeit. Alice Salomon wächst ähnlich wie Ilse Arlt in einer Zeit auf, in der es vor allem geschlechterspezifische Unterscheide gibt. Frauen sind meist Zuhause und für die Erziehung der Kinder zuständig, können nicht studieren und sind gegenüber Männern nicht gleichberechtigt. Der 1. Weltkrieg und die Weltwirtschaftskrise bringen den Menschen Armut und Unsicherheit. Die Frauenbewegung und Frauenemanzipation und die Not der Menschen sind in beiden Biographien der Frauen stark vertreten.

6.2 Theorie und Forschungsgegenstand:

Alice Salomon betrachtete die Theorie der Sozialen Arbeit als Handlungswissenschaft. Sie wollte die Welt nicht neu erklären, sondern eine Offenheit für neue Erkenntnisse aus unterschiedlichen Wissenschaften erreichen. Sie bemerkte schon früh, die Komplexität des menschlichen Alltags und die Probleme die für Menschen daraus entstehen. Ihr Ziel für die Handlungswissenschaft, sind für sie einerseits die Hilfen für das Individuum zu reflektieren, dies soll aber auch zu einer sozialen Ordnung mit mehr Gerechtigkeit führen. (vgl. Kuhlmann, 2008, S. 38-39) Frau Salomons Menschenbild ist gezeichnet von der Gleichheit aller Menschen, auch von Mann und Frau, arm oder reich. Die Theorie des Helfens von Alice Salomon basiert auf dem Grundgedanken der Wohlfahrtspflege, welche das Ziel einer sozialen Gerechtigkeit hat. Sie sieht den Menschen im Mittelpunkt als Ganzes, mit seinem Charakter und seinen physischen und psychischen Wesen. Besonders erachtet Frau Salomon Hilfebedürftige die in Notsituationen oder schwierigen Lebensverhältnissen sind. (vgl. Engelke 2009, S.238) Sie sagt jeder habe das Recht, dass seine grundlegenden Bedürfnisse befriedigt werden. Die materillen Unterschiede die es in der Gesellschaft gäbe, seinen nicht durch das persönliche Versagen zu kennzeichnen, sondern durch einen historischen Prozess. Viele Gruppen würden unterdrückt werden. Vor allem Frauen und Kinder sind laut Salomon nicht gleichberechtigt und unterdrückt. Dies würde sich meist bei den „besitzlosen Klassen" zeigen (Kuhlmann, 2008, S. 42-43). Dies könnte heute mit sozial schwachen Gesellschaftsschichten oder Gruppierungen erklärt werden. Sie sah bei diesen Gruppierungen am häufigsten Unterschiede im Bereich der Bildung, Kultur und Sozialverhalten. Die Folgen waren schlechtere Arbeits- und Lebensbedingungen. Des weiteren erläutert sie, dass je entwickelter und vielseitiger eine Gesellschaft ist, desto weniger werden alle Mitglieder der Gesellschaft den Anforderungen und Vorstellungen gerecht werden können und sich somit nicht anpassen. Somit werden auch die familiären Hilfen und Förderungen immer weniger. Nach Salomon entsteht dies in den neuen Industriegesellschaften immer häufiger. Der Einzelne hat nur noch geringen Einfluss darauf, sondern dies stütz sich auf den allgemein gesellschaftlichen Zuständen. (vgl. Engelke 2008, S. 240) Diese Schichten sind häufig von Arbeitslosigkeit, wechselnden Wohn-Arbeitsverhältnisse geprägt. Durch die frühere Selbständigkeit der jungen Generation fehlen ihnen nach Salomon auch die erzieherischen Einflüsse. Hinzukommen bei großen Gruppen die in der Stadt leben, beengte Wohnverhältnisse, langer Arbeitszeiten, die oft zu gesundheitlichen Schäden und einer hohen Sterblichkeit führen können (vgl. Engelke 2008, S.240) Frau Salomon sah nicht nur die Wichtigkeit der äußeren Einflüsse als relevanten an oder das der Mensch nur Produkt seiner Umwelt ist, sondern auch den Mensch als Individuum, der mit guten und schlechten Fähigkeiten ausgestattet ist. (vgl. Kuhlmann 2008, S. 44) Sie bezieht sich einerseits auf den Gleichberechtigungsgedanken, anderseits beschrieb sie die Unfähigkeit mancher Menschen mit den Anforderungen der Gesellschaft zu Recht zu kommen. Dabei beschrieb sie auch Unfähigkeit, Trägheit und Charakterfehler, dies sollte aber kritisch zu betrachten sein. (vgl. Engelke 2008, S.241)

Der erste wichtige Punkt der Wohlfahrtspflege, ist wie oben beschrieben, die Entstehung von Not und Elend, welche sie erforscht hat. Durch das eigene Wohlergehen, kann das Wohlergehen der Gesamtgesellschaft hergestellt werden. Da nicht alle Menschen diese sozialen und wirtschaftlichen Voraussetzungen erfüllen können, wird eine Wohlfahrtspflege benötigt. Mit dem Prinzip der gegenseitigen Hilfe kann die Wohlfahrtspflege umgesetzt werden. Dabei sind soziale Beziehungen zueinander und die Gleichberechtigung aller von Bedeutung. Denn durch diesen Austausch zwischen den Menschen, entsteht ein Gemeinschaftsgefühl. Ihre Ziele sind vor allem den inneren Frieden eines Volkes herzustellen, auch die Verhinderung von Armut und Not, ähnlich wie bei Ilse Arlt spielt dabei eine bedeutende Rolle. Dies kann durch Anpassung an die Umwelt, also der Lebensumstände erreicht werden oder durch die Anpassung der Umwelt an die Person. Sie beschrieb dies auch als Kunst zu leben. Die Persönlichkeitsentwicklung war bereits bei Frau Salomon eine wichtige Methode in der Wohlfahrtspflege. Wenn die Anpassung an die Umwelt oder auch der Umwelt an die Bedürfnisse de Person gestört ist, so verändert oder schadet dies der Persönlichkeitsentwicklung der Person. Die Wohlfahrtspflege unterschiedet 3 Formen, die auch heute noch in der Sozialen Arbeit, Bedeutung haben. So die individuelle Fürsorge, die Gruppenfürsorge und die schematische Versorgung. Die Letze macht hier keine Unterschiede ob es sich um eine oder mehrere Personen handelt und wendet die Methode mit einer Allgemeinverbindlichkeit an. (Engelke 2008, S.241 ff.) Ziel ihrer entwickelten Wohlfahrtspflege ist eine wirtschaftliche Selbständigkeit zu erreichen und die Klassen aufzuheben. Der Mensch soll sein eigenes Befinden verfolgen, ebenso das Wohlergehen der Familie und der Gemeinde. Dies kann die soziale Einheit, der in der Gesellschaft lebenden Menschen wieder herstellen. Dabei spricht sie auch die Durchbrechung der Klassegrenzen und die Gleichberechtigung aller an. Die Wohlfahrtspflege soll Chancengleichheit und Gerechtigkeit herstellen, dabei soll den Schwachen geholfen werden. Die Aufgaben beziehen sich ähnlich wie bei Ilse Arlt auf den Menschen als Ganzes mit all seinen Bedürfnissen. Dabei zeigt sie vor allem die Wichtigkeit von Bildung und Erziehung und der gesundheitlichen Förderung auf. Durch die Besserung der eigenen Persönlichkeit, kommt es nach Frau Salomon auch zu einer Veränderung der

13

Gesamtgesellschaft. Wichtig erachtet von Frau Salomon ist auch die soziale Diagnose, bei der sie die individuellen Ursachen besucht genau zu differenzieren und daraus die Hilfeleistung entwickelt. Dabei zeigt sie folgende Methoden, die Gruppenfürsorge, die individuelle Hilfe des Einzelnen und die schematische Versorgung. Außerdem die Persönlichkeitsentwicklung des Einzelnen durch Anpassung an die Umwelt und wiederrum die Anpassung der Umwelt an die besonderen Bedürfnisse des Einzelne. Wie Frau Arlt sieht sie eine Änderung des eigenen Verhaltens nur durch Selbsthilfe an, man soll ermutigt werden über sich selbst nachzudenken und selbst nach einer Lösung zu finden und sich diese nicht vorsetzen lassen. (vgl. Engelke 2008, S. 245-246) Die Rolle der Frau ist für die Soziale Arbeit besonders bevorzugt, da Frauen geschlechtstypische Merkmale und Anlagen mit sich bringen würden.

Somit könnten die Bedürfnisse der Adressaten besser erfasst werden. (vgl. Engelke 2008, S. 240-244)

6.3 Bezug der Theorie von Alice Salomon auf das Adressatin- Beispiel:

Frau Salomon sieht die Gleichheit aller Menschen. Somit auch die Rolle von Mandy als Frau und alleinerziehende in prekären Verhältnissen. Denn sie macht keine Unterschiede zwischen Arm und Reich und nicht zwischen Frau und Mann. Dies ist eine sehr zeitgemäße Ansicht von Frau Salomon, jedoch wird dies in unsere Gesellschaft nicht immer umgesetzt. So beschrieb auch Frau Salomon das Frauen untergeordnet und ausgegrenzt werden. So auch bei Mandy, sie wurde durch die schwierigen Familienverhältnisse und durch die marginale Bildung schon früh ausgegrenzt und benachteiligt. Auch die besitzlose Klasse in die Mandy „hineingeboren" wurde, zeigen Unterschiede im Bereich der Bildung, Kultur und Sozialverhalten. Bei Mandy ist dies nicht nur im Bereich der Bildung sichtbar, sondern auch im Bereich des Sozialverhaltens, da sie keine sicheren Bindungen eingehen konnte und immer wieder Unsicherheiten im Umgang mit anderen Menschen zeigt. Die Folgen schlechter Lebens- Arbeits- und Wohnbedingungen. Mandy hat bisher keine Ausbildung, ähnlich wie ihre Mutter wird sie zu Beginn ihrer Ausbildung am Existenzminium leben und in der Stadt leben, in engeren Wohnverhältnisse und Raum. Die schweren Arbeits- Wohnverhältnisse können zu gesundheitlichen Schäden führen. Dies kann auch zu der frühen Schwangerschaft von Mandy geführt haben. Dadurch, dass Mandy so früh Selbständig werden musste, erst durch die Rolle als ältere Schwester mit Verantwortung und als Mutter mit eigenem Kind, fehlte ihr er erzieherische Einfluss, wie ihn Frau Salomon nennt. Frau Salomons Beispiel der Komplexität des Alltags kann auf Mandy übertragen werden. Denn durch die schweren frühen Familienverhältnisse kam es zu Auswirkungen, dass Mandy im Heim untergebracht war und jetzt im Frauenhaus lebt. Sie konnte bisher die Komplexität des Alltags nicht bewältigen bzw. konnte die Fähigkeiten nicht erlernen und braucht nun die Unterstützung eins Sozialarbeiterin um diesen Weg zu finden. Die geht auch auf die unsicheren Bindungen von Mandy zurück. Ihre Persönlichkeitsentwicklung ist stark blockiert worden. Da sie schon zu Beginn in schwierigen Verhältnissen aufgewachsen ist und keinen Rückhalt bekam. Die Anpassung an die Umwelt war für sie nicht möglich. Ähnlich wie bei Frau Arlt spielen die äußeren Einflüsse auch immer eine wichtige Rolle. Frau Salomon möchte die Klassen aufbrechen und die wirtschaftliche Selbständigkeit der Klienten wieder herstellen. Dies kann Mandy erreichen, wenn sie einen Ausbildungsplatz erhält und auch eine weitere Anstellung. Die Chancengleichheit und Gleichberechtigung von Benachteiligten kann hergestellt werden. Mandy sollte dabei spezifische Förderung erhalten, sodass sie selbstbewusst im Arbeitsleben auftritt und ihre Ressourcen und Fähigkeiten ausbauen kann. Nach Frau Salomon kann dies durch die soziale Diagnose geschehen, das heißt, Hilfe speziell auf die Klienten einzustellen. Die Hilfe zur Selbsthilfe ist dabei elementar. Mandy muss ihre Probleme mit Hilfe einer Sozialarbeiterin bzw. einer „Wohlfahrtspflegerin" selber lösen. Bildung und Erziehung können dies unterstützen. Durch die Besserung oder die Selbständigkeit von Mandy kann es zu einer Besserung ihrer Persönlichkeit kommen, dies führt zu einer Besserung der Gesellschaft. Für Mandy sollten Hilfemaßnahmen angestrebt werden, dass sie den Schritt schafft aus dem Frauenhaus auszuziehen und ihr eigenes Leben, Schritt für Schritt gestalten kann. Dabei sollte vor allem auf die Persönlichkeitsentwicklung, Wert gelegt werden. Sie sollte lernen sich in bestimmten Situationen an die Umwelt anzupassen, wie z.B. im Arbeitsleben aber auch die Anpassung der Umwelt an ihre eigenen Bedürfnisse. Dies sollte sie in Balance halten können. Hilfe zur Selbsthilfe mit viel Unterstützung ist hier bedeutsam.

7. Forschungsstudie anhand des Adressatin- Beispiel

Nach einer Sinus- Jugendstudie, sehen viele Jugendliche ihre Eltern nicht mehr als Vorbilder. Durch den erhöhten Leistungsdruck und der Unsicherheit, können sie sich kaum an den Lebensentwürfen ihrer Eltern orientieren. So beispielsweise hat ein junger Mann, der als Einzelkind aufgewachsen ist und eine gute Ausbildung genossen hat, eher einen vergleichbaren Lebensweg wie seine Eltern. Glaubt man der Sinus- Studie, so ist dies kein typischer Vertreter der Generation, denn die jungen Menschen orientieren sich eher an ihren Peer Groups und bauen eine Distanz zu ihren Eltern auf. Neben den Freunden, werden auch die Medien als Orientierungshilfe immer wichtiger. Jedoch entfernen sich die Jugendlichen eher „friedlich" von ihren Eltern. Das Bedürfnis nach Sicherheit ist in der Gesellschaft heutzutage weniger gegeben, laut der Sinus- Studie. Die Jugendlichen wollen arbeiten aber auch feiern, sie wollen sparsam sein aber sich auch etwas leisten. Sie finden es frustrierend, wenn sie nach ihrer Leistungsfähigkeit gemessen werden. Eine ständige Kontroverse zwischen Flexibilität und Lebensplanung sind wichtige Aspekte in der Gesellschaft. In dem oben genannten Beispiel von Mandy bildet dabei eine nicht „normalen" Lebensweg bzw. Lebensgeschichte. Das Bedürfnis nach Halt und Sicherheit einer eigenen Familie wird immer wichtiger, jedoch den richtigen Zeitpunkt zu erwischen bleibt dabei fraglich. Eine Lebenswelt lässt sich auf Mandy anwenden. Für mich gehört sie nach der Sinus- Studie zu den „prekären" Jugendlichen, mit schwierigen Startvoraussetzungen und Durchbeißermentalität, die nach Orientierung und Teilhabe streben. Meist kommen sie aus bildungsfernen Schichten und schämen sich für ihre soziale Stellung und ihre Familie. Durch die Individualisierung der Lebenswege, führt zu geringeren Schnittmengen. Vor allem sozial benachteiligte Jugendliche werden zunehmend ausgegrenzt und Ihnen wird häufig Arbeitsverweigerung und geringe Leistungsbereitschaft vorgeworfen. (vgl. www.welt.de) Sie spüren eine Entsolidarisierung von anderen Jugendlichen aber auch der Gesellschaft.

Die „Jugend" an sich gibt es in Deutschland kaum noch, so die Sinus- Jugendstudie. Die Jugendlichen grenzen sich bewusst voneinander ab, am stärksten jene am unteren Rand der Gesellschaft. Die Studie zeigt vor allem, dass die Jugendarbeit oft auf die Mittelschicht ausgerichtet ist, die benachteiligten Jugendlichen bleiben dabei oft auf der Strecke und isolieren sich mehr bzw. werden isoliert. (vgl. tagesspiegel.de) Der Anteil der Jugendlichen ohne Berufsausbildung bleibt konstant auf hohem Niveau. Aufgrund der beträchtlichen Arbeitsmarktrisiken, aber auch des Fachkräftemangels kann dies sozial und wirtschaftlich kaum zu verantworten sein. Häufig bleiben Jugendliche mit fehlendem Abschluss oder schlechten Schulnoten ohne Berufsausbildung. Aber auch die familiäre Herkunft, das Geschlecht und die Wohnregion spielen dabei eine bedeutende Rolle, dies zeigte eine Übergangsstudie des Bundesinstitutes für Berufsausbildung. (vgl. www.bibb.de) Die unzureichende Bildung bei Jugendlichen und jungen Erwachsenen führt zu Folgekosten für die Gesellschaft. Rund 15 000 Jugendliche starten ohne Ausbildungsabschluss ins Berufsleben, so die Studie des WZB im Auftrag der Bertelsmann Stiftung. (vgl. www.wzb.eu) Anlage 3 und 4 beschreiben den Anteil der Jugendlichen ohne Berufsausbildung auch anhand der Ressourcen und sozialdemographisch.

„In dieser Studie der pro familia wurden rund 1800 minderjährige Frauen, die eine Schwangerschafts- oder Schwangerschaftskonfliktberatung in Anspruch genommen haben, nach ihrer sozialen und persönlichen Lebenssituation befragt." (www.bzga.de) Wenn Frauen unter 18 Jahren in unsere Gesellschaft schwanger werden, geht man davon aus, dass dies ungewollt und ungeplant war. Dies trifft auch in den meisten Fällen zu. Zunächst ist zu sagen dass fast alle Frauen dabei im Alter zwischen 16 oder 17 Jahren alt waren. Nur ein 1% war 13 Jahre oder jünger. Die Schulbildung hat auch einen massiven Einfluss für eine minderjährige Schwangerschaft. Hauptschülerinnen bilden dabei die Spitze, man kann dabei davon ausgehen, dass minderjährige Hauptschülerinnen fünfmal so häufig schwanger werden, als Gymnastinnen. Jedoch ist eine Schwangerschaft einer Hauptschülerin trotzdem sehr selten. Auch die Rolle der sozialen Umfeld bzw. Hintergrund ist dabei auch entscheidend. Denn viele Judengliche bleiben ohne Schulbildung und häufig sind die Eltern auch arbeitslos. Auch die Situation der Partner der minderjährigen Schwangeren ist durch Arbeitslosigkeit und einem geringen Bildungsstand gekennzeichnet. Auch die sexuelle Fremdheit und Verhütung sind bei Minderjährigen ein erhöhtes Risiko schwanger zu werden. (vgl. www.bzga.de)

Alleinerziehende Frauen sind besonders häufig auf Arbeitslosengeld II angewiesen. Alleinerziehende sind 7-mal häufiger betroffen, als Frauen in einer Paarbeziehung bzw. Paarhaushalt. Vor allem deutlich ist es bei jungen Müttern unter 35 Jahren, wenn die Kinder unter 3 Jahren sind. Deutlich wird diese ebenso im Zusammenhang von fehlender Berufsausbildung und Art der Erwerbstätigkeit. Eine Vollzeitbeschäftigung ist eine zentrale Voraussetzung für die Verbesserung der Armuts- Einkommenssituation. Eine Partnerschaft zu haben und auch eine Anbindung an die Herkunftsfamilie ist dabei sehr wichtig für Alleinerziehend. Viele wünschen sich Hilfe und Unterstützung. Die größten Probleme entstehen für viele Alleinerziehende aus ihrer schlechten finanziellen Situation und ihrer schwachen sozialen Absicherung. Deutlich geringer als die Zufriedenheit mit den Lebensumständen insgesamt fällt die Zufriedenheit mit den wirtschaftlichen Verhältnissen aus. Etwa ein Drittel der Alleinerziehenden muss sich dementsprechend wirtschaftlich ziemlich einschränken oder hat sogar derartige Geldsorgen, dass der Lebensunterhalt als nicht gesichert betrachtet wird. Von den Müttern in Partnerschaften erleben lediglich 13 Prozent, von den Vätern in Partnerschaften lediglich 7 Prozent ihre wirtschaftliche Lage als derart angespannt. (vgl. www. bmfsfj.de)

8. Fazit

Der Zusammenhang von Theorie und Praxis wurde mir nicht nur durch das Seminar, die Vorlesung, sondern vor allem durch die Hausarbeit sehr bewusst. Ich erkannte dadurch, dass die früheren Forscherinnen sich schon sehr spezifische Gedanken darüber machten und dies ein Grundbausteil für heutige Theorien ist. Die gesellschaftlichen Bedingungen haben sich stark verändert, doch sind die meisten Ansätze noch sehr genau umsetzbar und aktuell. Spannend fand ich, dass die Theorien nah zur gleichen Zeit entstanden sind, jedoch in ihrer Auslegung doch sehr unterschiedlich sind. Dies habe ich zu Beginn meiner Arbeit nicht gedacht. Beide Theorien verfolgen unterschiedliche Ansätze, Anschauung des Problems und unterschiedliche Methoden. So strebt die Theorie von Frau Arlt die Befriedigung der Bedürfnisse an und die Theorie von Alice Salomon die Persönlichkeitsentwicklung des Einzelnen, mit Auswirkungen auf die Gesamtgesellschaft. Teilhabe und Bereitschaft zeigen sich als wichtige Elemente in der Sozialen Arbeit. Mir wurde dabei auch bewusst, wie vielseitig und relevant Soziale Arbeit nicht nur für den Einzelnen, sondern auch für die Gesamtgesellschaft ist.

Nach der Theorie von Frau Arlt kann ein Zusammenhang von frustrierenden Bedürfnissen und einem Hilfeangebot bezeichnet werden. Die Notschwelle kann sowohl als Schicht und zeitbedingt des wesentlichen Wohlstandsniveaus erwähnt werden. Bei der Festlegung der 13 Grundbedürfnisse wäre es sinnvoll noch weitere Bedürfnisse offen zulassen, die sich in der Gesellschaft ändern oder die sich in unterschiedlichen Kulturkreisen differenzieren. Zu würdigen wäre, dass Frau Arlt die Theorie mit Blick auf ein funktionierendes soziales Ganzes richtet. Frau Arlt blieb zu ihrer Zeit nicht in endlosen Vorüberlegungen stecken, sondern verwirklichte diese und stellte diese in Diskussion. Ihre Forschungsergebnisse und ihre Theorie könnten durchaus überarbeitet und weiterentwickelt werden.

Eine wichtige Dimension die Salomon einbringen kann, ist die Perspektive der Lebenswelt der Frau. Frau Salomon ist eine der ersten Protagonistin einer feministischen Theorie der Sozialen Arbeit. Sie war einer der ersten Frauen die in der sozialen Arbeit nicht einem Mann zuarbeitet, sondern öffentlich und autonom in der Wissenschaft aktiv wurde. Ihre Werke zeigen, wie anderes sozial Probleme aus der Perspektive der Frau wahrgenommen werden. Ihr Blick auf die Benachteiligung von Frauen, besonders von Müttern, gab viele Anstöße für die Praxis der Sozialen Arbeit. Die Perspektive der Frau ist bis heute nicht in die Theorie integriert, obwohl die feministischen Ansichten nirgends so bedeutsam sind wie in der Sozialen Arbeit. Frauen gestern und heute sind noch in reproduktiven Tätigkeiten bestimmt.

Die typischen Notlagen von Frauen haben sich bis heute nicht sonderlich verändert. Die Armutsrisiken von Frauen hängen häufig mit dem Kinder bekommen zusammen und der wirtschaftlichen Unselbständigkeit in der ersten Zeit. Dabei geraten sie in diese Notlagen vor allem dann, wenn sie alleine und hauptverantwortlich für die Erziehung und die Finanzen verantwortlich sind. Die Ausgrenzung von Frauen ist zwar in diesem Maße wie in der Zeit von Frau Salomon nicht mehr gegeben. Jedoch ist die Gleichberechtigung der Frau auch in Bezug auf die Teilhabe in der Gesellschaft noch nicht gewährleistet. Allerdings hat sich in den letzten Jahren bei der Rolle der Frau viel getan.

9. Abkürzungen

Aufl.	Auflage
Hrsg.	Herausgeber
vgl.	Vergleich
z.B.	Zum Beispiel
d.h.	das heißt

10. Literaturverzeichnis:

Berger, Manfred (2005): Alice Salomon, Pionierin der sozialen Arbeit und der Frauenbewegung, Frankfurt: Brandes& Apsel Verlag

Engelke, Ernst; Borrmann, Stefan (2008): Theorien der Sozialen Arbeit, 4.Aufl., Freiburg: Lambertus- Verlag

Frey, Cornelia (2005): Respekt vor der Kreativität der Menschen- Ilse Arlt: Werk und Wirkung, Opladen: Verlag Barbara Budrich

Hamberger, Matthias (2008): Erziehungshilfekarrieren- belastende Lebensgeschichte und professionelle Weichenstellungen: Frankfurt: IGfH- Eigenverlag

Kuhlmann, Carola (2008): „Nicht wohltun, sondern Gerechtigkeit", Alice Salomons Theorie Sozialer Arbeit, Stuttgart: ibidem- Verlag

Maiss, Maria, Pantucek, Peter (Hrsg.) (2009): Die Aktualität des Denkens von Ilse Arlt, Wiesbaden: GWV Fachverlage

Maiss, Maria (Hrsg.) (2010): Wege zu einer Fürsorgewissenschaft, Wien: LIT- Verlag

Maiss, Maria; Erlt, Ursula (Hrsg.) (2011): Ilse Arlt- (Auto) biographische und werkbezogene Einblicke, Wien: LIT-Verlag

Malyssek, Jürgen (2009). Ausgrenzung und Stigmatisierung, Freiburg: Lambertus Verlag

Müller, Burkhard (2008): Sozialpädagogisches Können. Ein Lehrbuch zur multiperspektivischen Fallarbeit, 5. Aufl., Freiburg: Lambertus- Verlag

Schumacher, Anja (2005): Das Verhältnis zwischen Sozialer Arbeit und Frauenbewegung am Beispiel Alice Salomon ; Hausarbeit, Norderstedt: Grin- Verlag

Staub- Bernasconi, Silvia (2007): Soziale Arbeit als Handlungswissenschaft, Stuttgart. Haupt Verlag

Zur Studie:

Allmendiger, Jutta (2011): Jugendliche ohne Ausbildung- teuer für die Gesellschaft, Wissenschaftszentrum Berlin für Sozialforschung:
http://www.wzb.eu/de/news/jugendliche-ohne-ausbildung-teuer-fuer-die-gesellschaft
[27.01.2013]

Beicht, Ursula (2008): Welche Jugendlichen bleiben ohne Berufsausbildung? Bibb Report: Forschungs- Arbeitsergebnisse aus dem Bundesinstitut für Berufsausbildung:
http://www.bibb.de/de/49930.htm [27.01.2013]

Bundesministerium für Familie, Frauen, Senioren und Jugendliche (2008): Alleinerziehende: Lebens- Arbeitssituation, sowie Lebenspläne, Ergebnisse einer repräsentativen Umfrage:
http://www.bmfsfj.de/RedaktionBMFSFJ/Abteilung2/Pdf-Anlagen/alleinerziehende-umfrage-2008,property=pdf,bereich=bmfsfj,rwb=true.pdf [27.01.2013]

Fachkräfte Portal für Kinder- Jugendhilfe (2006): Benachteiligte Jugendliche am Arbeitsmarkt: Jugendliche ohne Berufsausbildung:
http://www.jugendhilfeportal.de/db2/materialien/eintrag/benachteiligte-jugendliche-am-arbeitsmarkt-jugendliche-ohne-berufsausbildung-ausgewaehlte-ergebnis/ [27.01.2013]

Hollstein, Miriam (2012): Jugendliche sehen Eltern nicht mehr als Vorbilder, Sinus Studie:
http://www.welt.de/dieweltbewegen/article106129481/Jugendliche-sehen-Eltern-nicht-mehr-als-Vorbilder.html [27.01.2013]

Myrre, Anke (2012): Sozial benachteiligte Jugendliche werden ausgegrenzt, im Tagesspiegel, Wissen:
http://www.tagesspiegel.de/wissen/studie-sozial-benachteiligte-jugendliche-werden-ausgegrenzt/6447408.html [27.01.2013]

11. Anhang/ Anlage

Abbildung1: Beziehungen zwischen Bedürfnisbefriedigung und des Einzelnen und allgemeinen Notständen

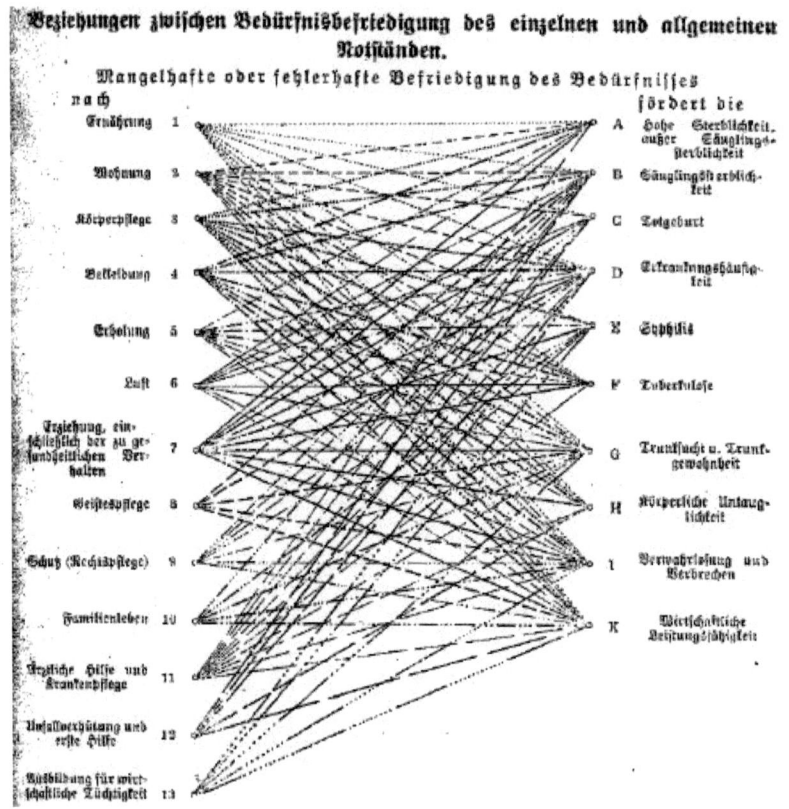

Abbildung 2: Bedürfnispyramide nach Maslow

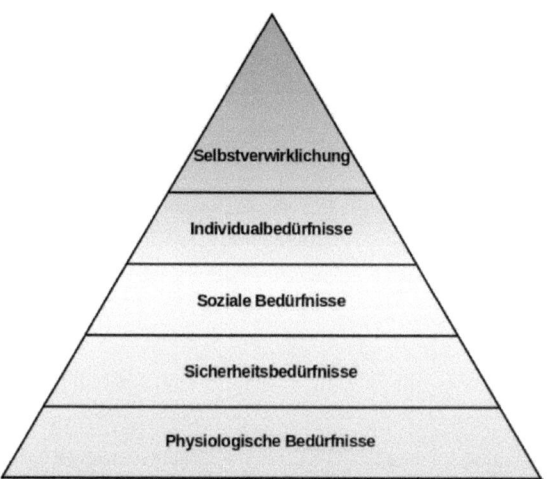

Online unter: https://de.wikipedia.org/wiki/Maslowsche_Bed%C3%BCrfnishierarchie

Abbildung 3:

Übersicht 1

Jugendliche ohne Berufsausbildung von 1996 bis 2005			
Jahr	20- bis 24-jährige Jugendliche	20- bis 29-jährige Jugendliche	
	Quote in %	Quote in %	hochgerechnete absolute Zahl (in Mio.)
1996	14,8	14,6	1,57
1997	15,0	14,6	1,50
1998	15,1	14,7	1,45
1999	14,8	14,7	1,40
2000	14,4	14,4	1,32
2001	14,3	14,5	1,32
2002	15,1	15,2	1,37
2003	14,6	14,9	1,36
2004	14,5	14,9	1,37
2005*	16,7	16,1	1,57

* Wegen der erheblich veränderten Erhebungsmethode des Mikrozensus sind die Ergebnisse für 2005 nicht mehr unmittelbar mit den Vorjahresergebnissen vergleichbar.

Quelle: Berufsbildungsberichte 2006 und 2008 (basierend auf dem Mikrozensus des Statistischen Bundesamtes sowie Berechnungen des BIBB)

Abbildung 4:

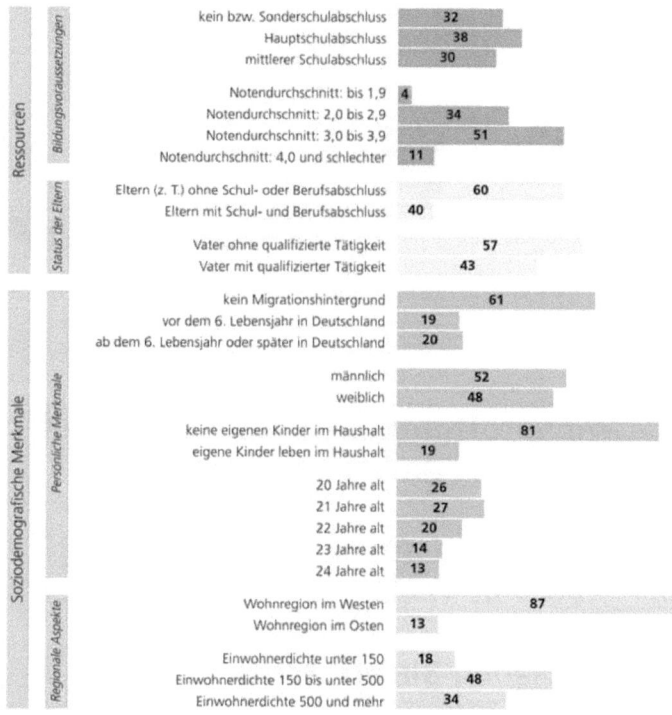

Übersicht 4

Verteilungen der nichtstudienberechtigten Jugendlichen ohne Berufsausbildung im Alter von 20 bis 24 Jahren nach Ressourcen und soziodemografischen Merkmalen in Prozent (gewichtet)

kein bzw. Sonderschulabschluss	32	
Hauptschulabschluss	38	
mittlerer Schulabschluss	30	
Notendurchschnitt: bis 1,9	4	
Notendurchschnitt: 2,0 bis 2,9	34	
Notendurchschnitt: 3,0 bis 3,9	51	
Notendurchschnitt: 4,0 und schlechter	11	
Eltern (z. T.) ohne Schul- oder Berufsabschluss	60	
Eltern mit Schul- und Berufsabschluss	40	
Vater ohne qualifizierte Tätigkeit	57	
Vater mit qualifizierter Tätigkeit	43	
kein Migrationshintergrund	61	
vor dem 6. Lebensjahr in Deutschland	19	
ab dem 6. Lebensjahr oder später in Deutschland	20	
männlich	52	
weiblich	48	
keine eigenen Kinder im Haushalt	81	
eigene Kinder leben im Haushalt	19	
20 Jahre alt	26	
21 Jahre alt	27	
22 Jahre alt	20	
23 Jahre alt	14	
24 Jahre alt	13	
Wohnregion im Westen	87	
Wohnregion im Osten	13	
Einwohnerdichte unter 150	18	
Einwohnerdichte 150 bis unter 500	48	
Einwohnerdichte 500 und mehr	34	

Quelle: BIBB-Übergangsstudie 2006. Basis: Personen der Geburtsjahrgänge 1982 bis 1986, die die allgemeinbildende Schule mit maximal mittlerem Schulabschluss verlassen haben (ungewichtete Fallzahl: n = 345).